LETTRE

A

SON EXCELLENCE M. DELANGLE

MINISTRE DE LA JUSTICE

PAR

ÉMILE DE GIRARDIN

« Laissez dire, laissez-vous blâmer, condamner, emprisonner, laissez-vous pendre ; mais publiez votre pensée. Ce n'est pas un droit, c'est un devoir, étroite obligation de quiconque a une pensée de la produire et mettre au jour pour le bien commun. La vérité est toute à tous. Ce que vous connaissez utile, bon à savoir pour un chacun, vous ne le pouvez taire en conscience. Jenner, qui trouva la vaccine, eût été un franc scélérat d'en garder une heure le secret ; et comme il n'y a point d'homme qui ne croie ses idées utiles, il n'y en a point qui ne soit tenu de les communiquer et répandre par tous les moyens possibles. Parler est bien, écrire est mieux ; imprimer est excellente chose. »

PAUL-LOUIS COURIER.

28 NOVEMBRE 1859

LETTRE

A

SON EXCELLENCE M. DELANGLE

MINISTRE DE LA JUSTICE

« Monsieur le Ministre,

» Ce n'est pas seulement à Son Excellence M. le garde des sceaux, ministre secrétaire d'Etat au département de la justice, que s'adresse cette lettre imprimée ; elle s'adresse également à l'ancien bâtonnier du barreau de Paris, à l'ancien procureur-général près la cour de cassation, à l'ancien premier président de la première cour d'appel de France, enfin à l'éminent jurisconsulte dont j'ai eu l'honneur pendant deux ans d'être le collègue à la Chambre des députés, où je siégeais depuis 1834, quand il y est entré en 1846.

» Cette lettre a deux objets :

» Premièrement, de ne pas laisser fausser une situation personnelle que je tiens à maintenir dans sa rectitude ;

» Deuxièmement, d'appeler particulièrement votre attention, monsieur le ministre, sur une question préjudicielle, judiciaire, sans doute, mais peut-être encore plus politique que judiciaire.

» J'ai publié, cette année, six brochures sous les titres suivants :

» *L'Empire avec la Liberté ;*

» *La Guerre ;*

» *L'Équilibre européen ;*
» *Le Désarmement européen ;*
» *L'Empereur Napoléon III et la France ;*
» *L'Empereur Napoléon III et l'Europe.*

» Il suffit de parcourir les cinq premières pour acquérir la certitude que j'écris sans opposition systématique, sans malveillance calculée, sans modération hypocrite, sans réticences perfides, enfin sans hostilité ni ouverte ni déguisée contre la personne et contre le gouvernement de S. M. l'empereur des Français. Je ne suis pas de ceux qui s'attribuent à eux-mêmes une infaillibilité qu'ils n'accordent pas à la majorité de la Nation, et qui ont la prétention que leur opinion personnelle, mise dans une balance, doive l'emporter sur le suffrage universel; je reconnais à la conscience publique le même droit et la même liberté, ni plus ni moins, qu'à la conscience individuelle ; je ne m'adresse ni aux passions de la multitude ni aux rancunes et aux espérances d'aucun parti; je ne suis ni parmi ceux qui conspirent ni parmi ceux qui boudent; je suis parmi ceux qui étudient; je ne cherche pas le bruit, je ne cherche que le vrai. *Cercando il vero,* selon la parole de Dante et selon l'habitude que j'en ai malheureusement contractée et que je ne puis parvenir à perdre. La poursuite judiciaire dont la dernière de ces six brochures a été l'objet serait de nature à faire supposer qu'il y a entre le gouvernement et moi une hostilité réciproque, si j'attendais le jour de l'audience pour donner ces explications nécessaires. Attendre ce jour, ce serait d'ailleurs manquer mon but, puisque l'article 17 du décret organique du 17 février 1852 interdit absolument de rendre compte des procès pour délits de presse, conséquemment des moyens de la défense.

» Je suis prévenu d'offense à la personne de S. M. l'empereur Napoléon III et d'excitation à la haine de son gouvernement.

» Trop confiant dans les déclarations et les distinctions ministérielles du 18 septembre dernier, aurais-je donc, sans y prendre suffisamment garde, dépassé la limite marquée « à la contradiction sérieuse et à la » discussion sincère? » Précisément parce que j'écrivais sans arrière-pensée, aurais-je donc eu la maladresse de me servir d'expressions susceptibles d'une fausse interprétation? Ne me serais-je donc pas assez défié de la rapidité de ma plume? Aurait-elle trahi ma pensée? M'aurait-elle fait dire ce que je ne voulais pas dire ou plus que je ne voulais dire?

» Non.

» La preuve que je n'ai pas dépassé, que je n'ai pas même atteint les limites de la liberté de discussion la plus restreinte, — celle dont les bornes avaient été posées par la loi du 9 septembre 1835, — c'est que, dans mes critiques de la guerre, critiques s'appliquant à toutes les guerres qui ne sont pas motivées par le cas de légitime défense ou de juste réparation d'une défaite, critiques s'appliquant généralement à toutes les interventions armées, mais ne s'adressant particulièrement à aucune, je suis resté fort en deçà de celles d'un auguste écrivain dont vous ne contesterez certes pas l'imposante autorité. Pour vous en convaincre, monsieur le ministre, il vous suffira de comparer les pages 29 et 30 de ma brochure, — ce sont les deux pages inculpées, — avec les pages 43 à 50 de l'article intitulé LA PAIX, lesquelles portent la date du 5 novembre 1844, et se trouvent : *OEuvres de Napoléon III*, tome II, édition de 1856, réimprimées par Henri Plon. La guerre y est qualifiée de « *crime* » que l'humanité « *flétrit et condamne.* » L'occupation d'Ancône, les bombardements de Lisbonne, de Tanger, de Mogador, des ports du Mexique, l'intervention de la France dans les affaires du sultan et du vice-roi d'Égypte, la prise de possession des îles Marquises et de Taïti y sont qualifiées « d'*expéditions stériles et de* » *guerres immorales* (1). » Quelle précision dans ces pages, qui, elles, ne craignent pas de particulariser, tandis que celles inculpées se perdent dans le vague des généralités ! Quelle vigueur dans l'écrivain de 1844 ! Quelle mollesse dans l'écrivain de 1859 ! Quelle distance du modèle à la copie ! Cette distance n'a d'égale que celle qui sépare le trône sur lequel l'écri-

---

(1)   LA PAIX.

« Si la guerre est souvent une nécessité lorsqu'on a une grande cause à défendre, c'est au contraire UN CRIME de la faire par caprice, sans avoir un grand résultat pour but, UN IMMENSE AVANTAGE POUR RAISON.

» Or, le gouvernement assure-t-il la paix et la rend-il profitable au pays ? Ne la compromet-il pas, au contraire, journellement ? Voilà ce qu'il est important d'examiner.

» Le pouvoir se vante du repos qui existe ; mais tuer un peuple en le plongeant dans un sommeil léthargique, l'envelopper dans sa gloire passée comme dans un linceul, le désorganiser par la corruption, et encore rendre ce sommeil si factice, cette désorganisation si hideuse, que tous entrevoient avec crainte, mais avec certitude, le moment du réveil, ce n'est pas fonder la paix, c'est établir momentanément dans le pays la tranquillité du cimetière.

» Au lieu de rassurer l'Europe par sa conduite, il l'a sans cesse inquiétée en entreprenant quelques conquêtes ou quelques expéditions qui troublaient l'harmonie générale sans augmenter l'influence de notre patrie.

» A l'extérieur, on accusait la bonne foi d'un gouvernement qui, malgré ses promesses, canonnait Lisbonne, prenait Ancône, bombardait les ports du Mexique, excitait le pacha d'Egypte à la révolte, s'emparait enfin des îles Marquises et de Taïti, et bombardait sans nécessité Tanger et Mogador.

» A l'intérieur, on reprochait au gouvernement sa faiblesse et sa lâcheté…

vain de 1844 est assis au premier rang des souverains, du banc sur lequel l'écrivain de 1859 est appelé à s'asseoir à côté des malfaiteurs.

» Répéterai-je ici que l'offense ne se présume pas, quelle ne saurait avoir lieu par voie d'interprétation ; qu'il n'y a pas de délit sans intention ; qu'il faudrait établir l'intention pour établir le délit ; qu'il faudrait, enfin, que ce qui n'est pas fût ? Non ; ce sont là des lieux communs judiciaires que je suis heureusement dispensé de ramasser ; car, pour dissiper jusqu'à l'ombre la plus légère de l'intention qui m'est si faussement imputée, je n'ai qu'à invoquer l'irrécusable témoignage du haut fonctionnaire chargé de la direction générale de la presse périodique. De 1849 à 1851, il

---

» Il y a quelques années, il n'existait plus de rivalité entre la France et l'Angleterre ; ces deux peuples semblaient devoir marcher côte à côte dans la voie du progrès ; aujourd'hui, le gouvernement s'y est si bien pris, qu'il a su, d'un côté par ses attaques et de l'autre par ses concessions, réveiller tous les sentiments de jalousie entre les deux pays ; il a fait revivre tous les anciens griefs ; et si jamais l'incendie s'allume, c'est lui qui en sera la cause première, car c'est lui qui aura rassemblé toutes les matières combustibles.

» Vous n'êtes pas des hommes de paix, car, sans cesse, vous recherchez les occasions de répandre INUTILEMENT le sang français. UN JOUR, LE PAYS VOUS DEMANDERA COMPTE DES CENT MILLE HOMMES MORTS DEPUIS QUATORZE ANS EN ALGÉRIE, sans que ces sacrifices aient assuré notre domination.

» La France vous demandera compte, ne fussent-ils qu'en petit nombre, des hommes morts glorieusement mais sans nécessité dans toutes VOS EXPÉDITIONS STÉRILES, car si l'humanité permet qu'on hasarde la vie de millions d'hommes sur les champs de bataille pour défendre sa nationalité et son indépendance, elle FLÉTRIT ET CONDAMNE ces GUERRES IMMORALES qui font tuer des hommes dans le seul but d'influencer l'opinion publique et de soutenir, par quelque expédient, un pouvoir toujours dans l'embarras. »

5 novembre 1844. OEuvres de Napoléon III, t. II,
p. 43 à 50. Édition Plon.

a été mon collaborateur le plus assidu ; il dira avec quelle sollicitude je veillais à ce qu'il ne se mêlât jamais, au blâme de la politique suivie pendant ces trois années, un seul mot, non pas qui offensât l'Élu du 10 décembre, mais seulement qui jetât le doute sur la droiture de ses intentions, sollicitude s'expliquant d'abord par l'initiative, presque audacieuse en octobre 1848, que j'avais prise avant que personne osât la prendre, et ensuite par l'opiniâtre sympathie que me connaissent tous ceux qui me connaissent et qui a résisté à toutes les épreuves.

» C'est précisément parce que cette sympathie n'a jamais cessé d'exister de mon côté qu'il m'importe de ne pas laisser dénaturer ma situation. La rétablir dans sa vérité, dans sa sincérité, était le premier objet de cette lettre ; maintenant, je passe au second. Là, je serai plus à l'aise, car il ne s'agira plus d'une étroite question de personne et d'intention, n'intéressant que moi, mais d'une large question de principe et de fait, intéressant les jurisconsultes non moins que les écrivains.

» L'article 14 de la loi du 21 octobre 1814 prescrit à l'imprimeur : premièrement, avant d'imprimer un ouvrage, d'en faire la déclaration ; deuxièmement, avant de le livrer à la publicité, d'en faire le dépôt.

» La loi du 26 mai 1819 statue :

« Art. 7. L'ordre de saisir et le procès-verbal de saisie seront notifiés dans les trois jours de ladite saisie à la personne entre les mains de laquelle la saisie aura été faite, à *peine de nullité.*

» Art. 8. Dans les huit jours de ladite notification, le juge d'instruction est tenu de faire son rapport à la chambre du conseil, qui procède ainsi qu'il est dit au Code d'instruction criminelle, liv. Ier, ch. IX, sauf les dispositions ci-après.

» Art. 9. Si la chambre du conseil est unanimement d'avis

qu'il n'y a pas lieu à poursuivre, elle prononce la main-levée de la saisie.

» Art. 10. Dans le cas contraire, ou dans le cas de pourvoi du procureur du roi ou de la partie civile contre la décision de la chambre du conseil, les pièces sont transmises, sans délai, au procureur général près la cour royale, qui est tenu, dans les cinq jours de la réception, de faire son rapport à la chambre des mises en accusation, laquelle est tenue de prononcer dans les trois jours dudit rapport.

» Art. 11. A défaut par la chambre du conseil du tribunal de 1re instance d'avoir prononcé dans les dix jours de la notification du procès-verbal de saisie, la saisie sera de plein droit périmée. Elle le sera également à défaut par la cour royale d'avoir prononcé sur cette même saisie dans les dix jours du dépôt en son greffe de la requête que la partie saisie est autorisée à présenter à l'appui de son pourvoi contre l'ordonnance de la chambre du conseil. Tous les dépositaires des objets saisis seront tenus de les rendre au propriétaire sur la simple exhibition du certificat des greffiers respectifs, constatant qu'il n'y a pas eu d'ordonnance ou d'arrêt dans les délais ci-dessus prescrits. — Les greffiers sont tenus de délivrer ce certificat à la première réquisition, sous peine d'une amende de 300 francs, sans préjudice des dommages-intérêts, s'il y a lieu. »

» Dans l'exposé des motifs de cette loi du 26 mai 1819, il est dit, à propos de la saisie :

« Cette partie de notre législation recevra une importante amélioration. La saisie ne se fera plus après le dépôt seulement ; *elle ne précédera plus la publication, elle ne pourra que la suivre*, et le public, qui connaîtra l'ouvrage, pourra dans son principe même juger l'action intentée. »

» A cette déclaration si formelle de l'exposé des motifs, la commission chargée de l'examen du projet de loi ajoute cette déclaration plus formelle encore :

« La commission se serait refusée sans hésiter à toute saisie antérieure à la publication, qui ne serait en réalité que *la censure préalable* sous un faible déguisement, et par conséquent *la ruine de la liberté de la presse.* »

» Le décret du 17 février 1852 attribue, ainsi qu'il suit, aux tribunaux de police correctionnelle la con—

naissance des délits de la presse, qui, jusques-là,
avait été attribuée aux cours d'assises, et, conséquemment, soumise au verdict du jury :

« Art. 25 Seront poursuivis devant les tribunaux de police
correctionnelle : 1° les délits commis par la voie de la presse
ou tout autre moyen de publication mentionnés dans l'art. 1er
de la loi du 17 mai 1819, et qui avaient été attribués par les lois
antérieures à la compétence des cours d'assises ; 2° les contraventions sur la presse prévues par les lois antérieures; 3° les
délits et contraventions édictés par la présente loi.

» Art. 27. Les poursuites auront lieu dans les formes et délais
prescrits par le Code d'instruction criminelle.

» Art. 36. Sont abrogées les dispositions des lois antérieures
contraires à la présente loi, et notamment les art. 14 et 18 de la
loi du 16 juillet 1850. »

» Il interdit de rendre compte des procès de presse :

« ART. 17. Il est interdit de rendre compte des procès pour
délits de presse. La poursuite pourra seulement être annoncée;
dans tous les cas, le jugement pourra être publié.

» Dans toutes affaires civiles, correctionnelles ou criminelles,
les cours et tribunaux pourront interdire le compte-rendu du
procès. Cette interdiction ne pourra s'appliquer au jugement,
qui pourra toujours être publié. »

» Le Code d'instruction criminelle, tel qu'il a été
modifié par la loi du 17 juillet 1856, prescrit la marche
suivante :

« Art. 61. Hors les cas de flagrant délit, le juge d'instruction
ne fait aucun acte d'instruction ou de poursuite qu'il n'ait donné
communication de la procédure au procureur impérial, qui
pourra, en outre, requérir cette communication à toutes les
époques de l'information, à la charge de rendre les pièces dans
les vingt-quatre heures.

» Art. 127. Aussitôt que la procédure sera terminée, le juge
d'instruction la communiquera au procureur impérial qui devra
lui adresser ses réquisitions dans les trois jours au plus tard.

» Art. 128. Si le juge d'instruction est d'avis que le fait ne
présente ni crime, ni délit, ni contravention, ou qu'il n'existe aucune charge contre l'inculpé, il déclare, par une ordonnance,
qu'il n'y a pas lieu à poursuivre.

» Art. 130. Si le délit est reconnu de nature à être puni par des peines correctionnelles, le juge d'instruction renverra le prévenu au tribunal de police correctionnelle. »

» Dans sa circulaire adressée à MM. les préfets, S. Exc. M. le ministre de l'Intérieur, duc de Padoue, s'exprime ainsi :

« *Le droit d'exposer et de publier ses opinions, qui appartient à tous les Français, est une conquête de 1789 qui ne saurait être ravie à un peuple aussi éclairé que la France;* mais ce droit ne doit pas être confondu avec l'exercice de la liberté de la presse par la voie des journaux périodiques.

» ... Le gouvernement de l'empereur ne redoute pas la discussion loyale de ses actes.

» ...Le gouvernement, loin d'imposer l'approbation servile de ses actes, tolérera toujours les contradictions sérieuses; il ne confondra pas le droit de contrôle avec l'opposition systématique et la malveillance calculée. Le gouvernement ne demande pas mieux que de voir son autorité éclairée par la discussion. »

» S. Exc. M. le duc de Padoue, sénateur, s'étant démis pour raison de santé de ses fonctions de ministre de l'Intérieur, est, le 4 novembre, par mesure exceptionnelle, élevé à la dignité de grand'croix de la Légion d'honneur.

» Le dimanche 13 novembre 1859, est saisie la brochure intitulée : *L'Empereur Napoléon III et l'Europe*, qui devait paraître le lundi 14 et qui avait été déposée le samedi 12, avant que le tirage en fût complètement achevé.

» Cette saisie a lieu avant toute publication, telle que la publication est définie en ces termes :

« La présomption de publication ne résulte pas, en matière d'imprimés non périodiques, du dépôt prescrit, pour ces sortes d'imprimés, par l'art. 14 de la loi du 21 octobre 1814. La raison en est que ce dernier dépôt, dont l'obligation n'est imposée qu'à l'imprimeur, ne doit pas, comme celui qui est relatif aux journaux, être fait *au moment* de la publication, mais avant la pu-

blication. (Le 21 octobre 1814, art. 14, 16 ; 26 mai 1819, art. 29.)
Il n'est plus, dès lors, qu'une circonstance indicative de l'intention de publier, mais il manque des caractères nécessaires pour constituer une présomption *juris* de publication. »

8 sept. 1824, n° 112 ; — Sir., 2, 25, p. 68 ; — Dal., 2, 11, p. 332. 19 septembre 1829, n° 223 ; 18 décembre 1835, t. 6 ; 1836, t. 2, p. 223.   A. DE GRATTIER. *Commentaires des lois de la presse*, t. 1, **p.** 128.

« La publication étant une circonstance constitutive et essentielle du délit, la saisie ne peut, en aucun cas, être faite avant qu'il y ait eu publication d'une manière quelconque ; car il serait impossible qu'elle précédât le délit dont elle sert à préparer et à assurer la répression.

» La saisie qui serait opérée avant la publication manquerait donc d'un élément nécessaire à la validité. Elle serait vaine dans son principe, et par conséquent radicalement nulle. »

Ibid., t. 1, p. 363.

» Elle a lieu sans aucune notification.

» Le 20 novembre, le *Communiqué* suivant est adressé aux journaux :

« A l'occasion des poursuites judiciaires dirigées contre une brochure récemment publiée, le *Journal des Débats*, la *Presse* et l'*Opinion nationale* se demandent s'il est vrai que le gouvernement songe à s'arroger le droit de saisie définitive sans jugement.

» La saisie préalable d'un livre ou d'une brochure incriminés est une mesure dont la raison se comprend facilement, et qu'autorisent *formellement* nos lois criminelles.

» Provisoire durant l'instruction, elle ne peut devenir définitive que par une condamnation judiciaire, et doit être levée s'il y a acquittement ou abandon de la poursuite : telle est la loi ; ces dispositions sont et continueront d'être fidèlement exécutées. »

» Des principes et des faits qui précèdent naissent les questions qui suivent :

» Peut-il y avoir délit de publication sans fait de publication ?

» Peut-il y avoir délit d'offense sans intention d'offense ?

» L'intention supposée existât-elle, quel est l'article du Code d'instruction criminelle qui autorise à poursuivre l'intention sans le fait, et quel est l'article du Code pénal qui la punit?

» Aller, en matière de presse, au-delà de l'intention exprimée, n'est-ce pas reporter l'inquisition de la personne à l'écrit? N'est-ce pas appliquer la torture à la pensée?

» Si les délits de publication, supposés ou réels, sont rentrés, ainsi qu'on le prétend, par le décret du 17 février 1852, dans le droit commun, d'où vient qu'ils en sortent par le même décret qui les y fait entrer, puisque la publicité, qui est de droit dans toutes les affaires civiles, correctionnelles ou criminelles, est interdite dans les procès pour délits de presse? Si « la saisie préalable d'un livre ou » d'une brochure est une mesure dont la raison » se comprend facilement et qu'autorisent formelle- » ment nos lois criminelles, » comment expliquer que tantôt elle soit préalable et que tantôt elle ne le soit pas, que tantôt elle s'arrête court sans acquittement ni sans condamnation des prévenus, sans restitution des exemplaires, et que tantôt elle aille jusqu'à l'exécution du jugement? Si, de l'aveu formel du législateur, « la saisie préalable à la publication est » le rétablissement de la censure préalable sous » un faible déguisement et par conséquent la ruine » de la liberté de la presse, » comment concilier cette conséquence avouée avec ces termes de la circulaire ministérielle du 18 septembre 1859 : « Le droit » d'exposer et de publier ses opinions, qui appartient » à tous les Français, est une conquête de 1789 qui ne » saurait être ravie à un peuple aussi éclairé que la » France? »

» En quoi l'article 7 de la loi du 26 mai 1819 est-il contraire au décret du 17 février 1852, à moins qu'il n'y ait incompatibilité d'existence entre ce décret et toute justice à la fois prompte et tutélaire?

» Quel inconvénient y a-t-il à ce que l'ordre de saisir et le procès-verbal de saisie doivent être notifiés dans les trois jours de la saisie à peine de nullité?

» Quel avantage y a-t-il à ce que la saisie s'opère sans notification et puisse traîner en longueur?

» En quoi les articles 7 et suivants de la loi du 26 mai 1819 font-ils obstacle aux articles 61 et suivants du Code d'instruction criminelle?

» Est-il bon qu'un jour l'historien, comparant la restauration des Bonaparte à la restauration des Bourbons, soit fondé à dire que « le droit d'exposer et de » publier ses opinions, qui appartient à tous les » Français, cette conquête de 1789 qui ne saurait être » ravie à un peuple aussi éclairé que la France, » jouissait en 1819, sous les Bourbons, de garanties légales dont elle ne jouissait plus en 1859, sous les Bonaparte? »

» Telles sont les questions préjudicielles que soulève la saisie qui a eu lieu le dimanche 13 novembre, saisie opérée avant la publication, et sans que ni l'ordre de saisir ni le procès-verbal de saisie aient été notifiés à l'imprimeur.

» Je sais ce qu'on répond.

» On répond que l'article 27 du décret du 17 février 1852 dit expressément : « Les poursuites auront lieu » dans les formes et délais prescrits par le code d'in- » struction criminelle. » D'accord. Mais la saisie précède la poursuite, et la preuve que l'une ne fait pas corps avec l'autre, c'est qu'il est telle saisie qui a été opérée sans qu'il s'ensuivît ni poursuite, ni jugement, ni condamnation, ni acquittement. On doit donc distinguer entre la saisie, qui est un acte dérivant de la législation spéciale, et la poursuite, qui est un acte dérivant du droit commun. Ainsi, en vertu de quoi la saisie préalable de l'écrit intitulé : *L'Empereur Napoléon III et l'Europe* a-t-elle eu lieu le dimanche 13 novembre 1859 ? Elle a eu lieu en vertu du dépôt légal qui avait été fait le samedi 12, aux termes de l'article 14 de la loi du 21 octobre 1814. Le dépôt et la saisie sont donc deux mesures découlant l'une de l'autre, et toutes deux appartenant à la législation spéciale qui commence à la loi du 21 octobre 1814, et qui finit au décret du 17 février 1852 inclusivement. Est-ce que ce décret n'est pas lui-même une loi spéciale, puisqu'il édicte des peines exceptionnelles ne s'appliquant qu'à la presse périodique ?

» On ajoute que l'article 36 du décret du 17 février 1852 dit formellement : « Sont abrogées les disposi- » tions des lois *contraires* à la présente loi. » D'accord. Mais pour prouver que l'article 7 de la loi du 26 mai 1819 a été abrogé par l'article 36 du décret du 17 février 1852, il faudrait préalablement avoir démontré en quoi la disposition qui prescrit la notification de la saisie dans les trois jours, à peine de nullité, est *contraire* au décret de février 1852. Or, c'est là une démonstration qui n'a pas été faite. Parviendra-t-on à la faire ? J'en doute. Mais, y parvînt-on, qu'arriverait-il ? Il arriverait qu'étant jugé, en instance, en appel et en cassation, que n'est pas nulle la saisie préalable, ce serait, de l'aveu du législateur, le rétablissement de « la censure préalable sous un faible déguisement, » et, par conséquent, la ruine de la liberté de la » presse. »

» Le droit d'exposer et de publier ses opinions, qui » appartient à tous les Français, étant, de l'aveu du » gouvernement, une conquête de 1789 qui ne saurait » être ravie à un peuple aussi éclairé que la France, » comment, monsieur le ministre, allier la ruine avec la conservation de cette conquête? Comment allier la saisie préalable des imprimés avec l'article premier de la Constitution de 1852?

» L'article 1er de la Constitution du 14 janvier 1852 porte : « La Constitution reconnaît, confirme et ga—
» rantit les grands principes proclamés en 1789 et
» qui sont la base du droit public des Français. »

» Or, quels étaient les grands principes écrits et dans la déclaration du roi en date du 23 juin 1789 et dans tous les cahiers des Etats-Généraux? C'étaient le libre vote de l'impôt, l'égalité proportionnelle de l'impôt, la liberté individuelle, la liberté de la presse.

» Vous le voyez, monsieur le ministre, la saisie préalable, opérée le dimanche 13 novembre 1859, touche à une haute question de droit constitutionnel; c'est surtout à ce titre que j'ai cru devoir vous adres— ser la présente lettre avant que les tribunaux aient à statuer sur la question préjudicielle que je me pro— pose de débattre, sans reculer, s'il le faut, devant au— cun des degrés de la juridiction. Le devoir de l'écri— vain est de soutenir son droit. L'honneur du fonction— naire est de ne jamais laisser amoindrir en lui la fonc— tion qu'il a acceptée. La liberté comme le pouvoir a ses fonctionnaires. Je suis fonctionnaire de la liberté.

» J'ai l'honneur d'être,

» Monsieur le Ministre,

» de Votre Excellence,

» le très humble et très obéissant serviteur,

» ÉMILE DE GIRARDIN.

» Le 28 novembre 1859.

PARIS. — Imprimerie SERRIÈRE et Cⁱᵉ, 123, rue Montmartre.